中国科学家故事丛书·第1辑

勇问天　巧问地

任福君　主编

科学普及出版社

·北京·

图书在版编目（CIP）数据

勇问天　巧问地 / 任福君主编. —— 北京：科学普及
出版社, 2021.9（2024.7重印）
（中国科学家故事丛书. 第1辑）
ISBN 978-7-110-10282-4

Ⅰ.①勇… Ⅱ.①任… Ⅲ.①科学家 – 生平事迹 – 中
国 – 现代 – 青少年读物 Ⅳ.①K826.1-49

中国版本图书馆CIP数据核字(2021)第138094号

策划编辑	王晓义	
责任编辑	周　婷	
封面设计	郑子玥	
正文设计	北京中科星河文化传媒有限公司	
责任校对	焦　宁	
责任印制	徐　飞	

出　　版	科学普及出版社
发　　行	中国科学技术出版社有限公司
地　　址	北京市海淀区中关村南大街16号
邮　　编	100081
发行电话	010-62173865
传　　真	010-62173081
网　　址	http://www.cspbooks.com.cn

开　　本	889mm×1194mm　1/16
字　　数	60千字
印　　张	6.75
版　　次	2021年9月第1版
印　　次	2024年7月第2次印刷
印　　刷	唐山富达印务有限公司
书　　号	ISBN 978-7-110-10282-4 / K · 175
定　　价	69.80元

丛书编委会

主　　任　　任福君

副主任　　赵立新

编　　委　　（按姓氏笔画排序）

马　丽　王　妍　石　磊　刘树勇

肖博仁　张晓铮　钟卫宏　高文静

本书编委会

主　　编　　任福君

副主编　　石　磊　高文静

绘　　画　　（科学家肖像）　杜爱军

前/言

　　2019 年 5 月，中共中央办公厅、国务院办公厅印发了《关于进一步弘扬科学家精神加强作风和学风建设的意见》，将科学家精神归纳为：胸怀祖国、服务人民的爱国精神，勇攀高峰、敢为人先的创新精神，追求真理、严谨治学的求实精神，淡泊名利、潜心研究的奉献精神，集智攻关、团结协作的协同精神，甘为人梯、奖掖后学的育人精神。2020 年 9 月 11 日，习近平总书记主持召开了科学家座谈会，在会上指出："科学成就离不开精神支撑。科学家精神是科技工作者在长期科学实践中积累的宝贵精神财富。"弘扬科学家精神不仅是党和国家的要求，也是党和国家赋予我们的崇高使命。

　　中国科学家精神是宝贵的精神财富，是培养青少年思想道德素质和科学文化素质的重要营养元素。中国科学家精神是引导青少年把个人理想融入时代主题，立志做担当民族复兴大任的时代新人的一盏明灯。培根铸魂要从青少年抓起，用中国科学家精神滋养青少年的心田，播下中国科学家精神之种。

　　科学家精神既是抽象的，又是具体的。科学家精神体现在科学家的成长、求知、创新和奉献中，因此，讲述科学家的故事，展示和传播科学家精神既是当务之急，更是弘扬科学家精神的有效途径。中国科学技术协会作为科技工作者之家，承担着弘扬科学家精神的重任，肩负着科普尤其是普及科学家精神的职责。在新时代，向青少年传播科学家精神，是厚植科技创新沃土、培养科技后备军的重要途径。为此，中国科协创新战略研究院联合中国科学技术出版社暨科学普及出版社，以老科学家学术成长资料采集工程的一手资料为基础，以中国科学家微信公众号发表的文章为蓝本，组织编写了《中国科学家故事丛书》。丛书结合青少年的阅读特点和心理特征，从国家勋章获得者、国家最高科学技术奖获得者、"两弹一星"元勋等荣誉获得者中选取了40位科学家代表人物作为故事的主人公，依照中国科学家精神的要素编写其成长故事、求学故事、创新故事、求实故事、奉献故事、协同故事等。同时，采用绘画和资料图片融合的方式进行页面设计，以求达到活化时代背景、还原历史场景，把文字故事融入历史场景，让场景丰富和活化故事内容的目的。

丛书第1辑共4册，分别为《勇问天 巧问地》《行医道 战病毒》《知原子 铸核武》《格数理 造新物》；每个分册有10位科学家，4册共计40位科学家。其中，《勇问天 巧问地》主要讲述地质学、地理学、气象学、植物学、建筑学、航空、农作物育种等领域的中国科学家谢家荣、侯仁之、叶笃正、吴征镒、刘东生、吴良镛、顾诵芬、袁隆平、李振声、曾庆存的故事；《行医道 战病毒》主要述说临床医学、基础医学、中医学等领域的科学家吴孟超、王振义、王忠诚、顾方舟、侯云德、屠呦呦、钟南山、张伯礼、张定宇、陈薇的故事；《知原子 铸核武》主要是关于原子核物理、核武器研制等领域的科学家钱三强、何泽慧、王大珩、黄纬禄、程开甲、黄旭华、彭士禄、于敏、孙家栋、钱七虎的故事；《格数理 造新物》主要讲述数学、物理学、化学及大型实验装备建造等领域的科学家严东生、吴文俊、谢家麟、洪朝生、徐光宪、师昌绪、闵恩泽、郑哲敏、谷超豪、南仁东的故事。

编写这套丛书的目的是传播中国科学家故事，弘扬中国科学家精神，希望得到广大青少年读者的欢迎。同时，希望通过这套丛书以及全社会的努力，让科学家精神的雨露洒满神州大地，使学科学、爱科学在青少年中蔚然成风，让投身科学成为新时代广大青少年人生理想的首选。

国家自然科学奖

证 书

谢家荣（1898—1966）
地质学家、矿床学家
中国科学院院士
1982 年国家自然科学奖一等奖获得者

地下宝藏科学寻
——谢家荣

　　谁开创了中国矿床学、中国矿相学、中国煤岩学等十余门学科？谁是我国最早的石油调查者？谁最早将找油的战略目标指向今天的大庆地区，让中国一举甩掉了"贫油国"的帽子？他就是中国现代地质科学的拓荒者之一——谢家荣。

1919 年的谢家荣　　　　　　　　　　　　　地质研究班教室

入门地质为强国

　　1898 年，谢家荣出生于上海市一个清贫的家庭。他的童年处在国家内忧外患的时局中。1913 年初中毕业后，由于上高中的学费凑不齐，他打算辍学回家。这时，恰逢工商部地质研究所地质研究班招生且不收学费，年仅 15 岁的谢家荣以优异的成绩通过了考试，从此进入了地质学的大门。后来，他回忆时说道："一个国家要富强，离不开工业的发展，而搞工业，离不开矿业的开发，因此，我选择了地质科学作为我终生的事业"。

　　1916 年 7 月，地质研究班结业了。全班 22 人中仅有 18 人成绩合格拿到毕业文凭，谢家荣就是 18 人之一。这是我国自己培养的地质科技工作者，后来被称为"十八罗汉"。

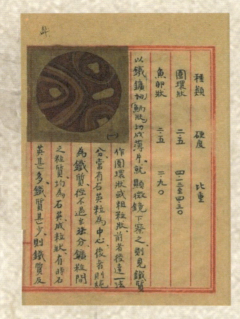
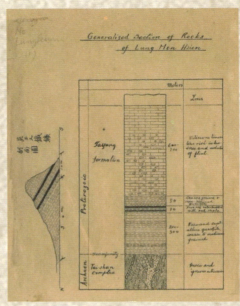

《直隶龙门县附近地质报告》（1915 年）左上为显微镜下铁矿薄片手绘图。
表明当时地质研究所的教学十分重视野外考察

工商部地质研究所地质研究班部分学员合照（右二为谢家荣）

临危受命护器材

　　"七七事变"爆发后，谢家荣当时任教的国立北京大学及其他高校陆续南迁长沙市，组建国立长沙临时大学。谢家荣根据指示暂不南下，留下负责国立北京大学撤离后地质系遗留财产的保护工作。这期间，日伪政权曾经要求他到伪北京大学任职，遭到严词拒绝。为保护实验室里的铂金坩埚等贵重物品，谢家荣冒着生命危险想方设法带回家保管，使这些物品最终完好地交到了有关人员手中。随后，他"只身南下，共赴国难"，几经辗转，经天津市，取道香港，飞长沙市，从此投身中国矿产测勘事业。

1928 年的谢家荣

谢家荣全家照（右二为谢家荣），1936 年摄于北平

艰苦找矿为抗战

　　1937 年，谢家荣等人为调查湖南省江华县等地的矿产资源，徒步考察了整整两个月，几乎看遍了那里所有的矿区。在那里，他拜工头（班长）、矿工为老师，学习探矿实用知识，实地考察与理论研究相结合，切实掌握了勘测砂锡矿的基本知识和经验。1938 年，谢家荣被任命为资源委员会专门委员兼江华矿务局总经理。其间，他用最短的时间、花最少的经费创立了当时湖南省唯一一家用机器采锡的矿厂，目的是生产锡出口换汇，购买军用物资，直接服务抗战事业。

　　1940 年，谢家荣任资源委员会西南矿产测勘处（1942 年改为矿产测勘处）处长。在抗战期间，矿产测勘处不但地处荒僻多山、交通不便的西南地区，面临日机轰炸下随时准备搬迁的境地，而且一直处在"设备至为简陋，经费紧缺"的困难条件下。谢家荣带领大家克服了重重困难，度过了那段艰难的岁月。比如，市面上买不到磨制岩石薄片所需的加拿大胶，谢家荣想到了将陶胶片溶于松节油中来生产替代品的办法，并经过十几天的反复试验获得成功。

　　那时，不仅物资匮乏，而且物价高涨。谢家荣曾经这样说道："必要时一切事可由我们自己来做，省下的钱我们要留作野外调查之用，万一公家一时不给我们款子，那我们只有吃饭不拿薪。我们学地质的应有这种苦干精神。"受谢家荣的影响，队员们也都非常节省。当时野外考察，每人每天有 8 元出差补助费，但他们常常是 3 个人一天才花 8 元。就是在这样的条件下，谢家荣依靠科学发现或指导发现了淮南八公山煤田、福建省漳浦县铝土矿、安徽省凤台县磷矿、江苏省栖霞山铅锌银矿、甘肃省白银厂铜矿等一批重要矿产，是我国发现矿床最多的地质学家，有力地支援了抗战。

1932年陕北油矿探勘队留影（左一为谢家荣）

1941年邵通矿产测勘处留影（前排左四为谢家荣）

大庆油田

坚信科学找大庆

　　曾经，国际石油界普遍把中国当作一个贫油国，许多外国专家到中国考察后都断言：中国没有石油。但并不是所有的地质学家都赞同这种说法，谢家荣就是"中国贫油论"的反对者之一。

　　1949 年 1 月，谢家荣指出，"中国石油的分布，决不只限于西北一隅""依据地质理论，并为解决中国石油问题计，我们应该扩大范围，在中国各地普遍探油"。1949 年 8 月，谢家荣率团前往东北考察，面对这块富饶的黑土地，他在《东北矿产概况》中写道："到现在为止，东北还没有发现的矿产，最重要的是石油……要扩大范围，彻底钻探""从区域方面讲，我们将来的测勘工作，要特别注意松嫩平原，因为此地区到现在为止，还是一个处女地……"这一切都为后来大庆油田的发现埋下了伏笔。

　　1954 年，谢家荣将中国的含油远景区分为三大类总共 20 个区，松辽平原位列其中。1955 年，在 3 年石油普查刚一开始时，作为当时地质部普查委员会常委、

总工程师的谢家荣就起草了《关于松辽平原石油地质踏勘工作方法》。1956年提出了"储油层的确定和圈闭类型的研究""尤其具有关键性的意义"的石油普查战术方针，对中国石油地质进行了艰苦的探索。1956年，谢家荣绘制了《中国油气区及可能油气区分布图》，划分了三大类22个油气区和可能油气区，并于次年发表《中国油气区和可能油气区的划分与评价》。这是迄今为止对中国石油分布所作的最全面的预测，其中就包括大庆油田所在的松辽平原。正是谢家荣等人的石油地质理论指导和科学预测，我国终于在1959年发现了国内第一大油田——大庆油田，一举甩掉了"贫油国"的帽子。

1955年在新疆进行石油地质考察（左三为谢家荣）

（本文作者：杨传成 邢小英）

侯仁之（1911—2013）
历史地理学家
中国科学院院士
1999 年何梁何利基金科学与技术成就奖获得者

开创历史地理学新境界
——侯仁之

北京城是如何起源的，原始城址在哪里？北京城有多大年龄，建都多久？让我们来认识倾心为创建历史地理学科理论奠基、竭力对保护世界文化和自然遗产倡言的中国历史地理学家侯仁之。

体弱多病跑第一

1911 年 12 月，侯仁之出生于河北省枣强县。他小时候体弱多病，连续两年都因为身体原因升不了学。得益于母亲的启蒙和教育，接连的学业中断并未让他对学习失去兴趣。

1926 年，父亲为了让侯仁之把身体锻炼好，把他送到了当时比较重视体育教育的德州博文中学。博文中学有很大的操场，有专门的篮球场、网球场、足球场。那时候，同学们下了课打篮球都是自组阵容，由两个同学挑选队员，甲挑一个、乙挑一个……总是没人挑他，原因是他太弱、太瘦小了。不被人认可的失落并没有令他气馁。在别人打篮球时，他开始独自绕着操场跑步，一圈、两圈……，就这样一天天坚持下来。到了第二年学校开春季运动会，同学们知道他跑步很在行，纷纷推举他参加 1500 米赛跑项目。据侯仁之回忆说："比赛时，我跑了一段，回头一看，一个人也没有跟上来，我得了第一名。"由于经常锻炼，他的身体也逐渐好了起来。进入燕京大学后，他还曾经是 5000 米赛跑项目校纪录的保持者，这个纪录直到多年后才被打破。

侯仁之在燕京大学操场上跑步

1932 年侯仁之初入燕京大学时的留影

1936 年的侯仁之（右）和弟弟侯硕之

侯仁之办公时留影

直面日寇勇斗争

　　抗日战争时期，燕京大学因为是美国人开办的，在美日战争爆发前还能庇护学生。作为北平硕果仅存的高校，燕京大学也是当时党组织开展抗日活动的重要阵地。战争使沦陷区的很多学生难以继续学业，进步学生纷纷要求"北上"或者"南下"参加抗日救国运动。燕京大学建立了学生生活辅导委员会来保护学生，侯仁之任副主席。每当日本宪兵队要冲进学校抓捕进步学生时，侯仁之便凭借自己的身份与日寇周旋，及时通知学生逃脱，一次次破坏了日寇的企图。他因此也成了日寇的眼中钉、肉中刺。

　　侯仁之与地下党也有着秘密联系，多次冒着生命危险，通过一条交通要道转移了很多进步学生。这些进步学生有的经西安市最终到达延安市，有的直接奔赴抗日前线。

1941年12月7日，太平洋战争爆发，日本宪兵队于清晨抓捕了燕京大学20余名教师，侯仁之是最年轻的一员。面对刑讯逼供，他义正词严，临危不惧。"到了日本宪兵队，我就被带到地下室，记得两边都是栏杆，一开门就咣当当地响。走到一处铁门前，他们咣当把门踹开，让我钻进去"。由于日寇对侯仁之送学生去解放区参加抗日一事一无所知，遂以"以心传心，抗日反日"的"罪名"将他转送日本军事法庭候审。拖至1942年6月中，对他判以徒刑1年，缓刑3年，取保开释，附加条件是"无迁居旅行自由，随传随到"。"出狱后，我连夜赶到岳母家。当时，我的爱人和孩子都住在岳母家，我们的孩子已经降生半年多了。我透过门缝，看见里面已经入睡的妻、子，禁不住悲喜交加。"

1947年的侯仁之

1984 年侯仁之重返母校利物浦大学在宿舍区前留影

世界遗产在中国

　　1984 年，侯仁之到美国康奈尔大学访问时，第一次获知联合国教科文组织颁布的《保护世界文化和自然遗产公约》。在外国专家的启发下，敏感的专业意识让他认识到遗产保护的重要性。作为全国政协委员的他，回国后急忙起草了一份提案，很快被采纳了。1985 年 12 月 12 日，中国成为"世界遗产公约"缔约国。1987 年，侯仁之开始着手世界遗产的申报工作。同年年底，故宫博物院、周口店北京人遗址、泰山、长城、秦始皇陵（含兵马俑坑）、敦煌莫高窟列入《世界遗产名录》。

　　截至 2013 年 6 月，我国共有 45 个项目被联合国教科文组织列入世界遗产名录。"世界遗产"概念的广泛普及，不仅让越来越多的国人认识到文化和生态的价值，意识到保护历史文化遗产和自然遗产的重要性，也让其他国家对中国的文化传承和风景名胜有了更多的了解与认识。这都要感谢中国"申遗"第一人侯仁之。

1978 年侯仁之在圆明园考察

北京源头得保留

 1993 年，北京西站破土动工前选址莲花池。当时的莲花池已经干涸，有人提议直接把北京西站建在莲花池原址上，那里没有居民搬迁问题。这样既可以节省搬迁的人力和物力，还能直接利用凹陷的地形。侯仁之知道这是事关北京古城起源遗址的大事，便不顾自己 80 多岁的高龄，多次考察现场，查阅历史资料，提出修改建议。他强调"先有莲花池，后有北京城""莲花池和北京城有血肉相连的关系""莲花池是北京的生命源头"。这个意见得到相关部门的重视，北京西站规划得以修改，莲花池原址被保留了下来。

 在北京西站建成后，虽然其作为运输枢纽的功能得以实现，但附近的景观与莲花池的环境并没有得到同步提升。侯仁之为北京市政府做《从莲花池到后门桥》的报告时，当面说"莲花池的风景不如从前了"。他建议恢复莲花池的水源，再现历史风貌。在他的建议下，现在不仅莲花池有了水，莲花池公园的景观明显改观，历史环境也得到了有效保护。

 "一个人绝不可以忘掉自己的过去，一个如北京这样的历史文化名城，也绝对不可以忘掉自己的起源。"侯仁之如此说道。

1997 年侯仁之与北京建成记碑，碑文为他所写

（本文作者：杨传成 邢小英）

叶笃正（1916—2013）

气象学家

中国科学院院士

1987 年国家自然科学一等奖获得者

2005 年国家最高科学技术奖获得者

呼风唤雨凭科学
——叶笃正

　　出门前看看近期的天气预报，远行前看看目的地中、长期的天气预报，这些都是我们出行的必备工作。那么，是谁让我国的短期天气预报信息如此准确呢？他就是叶笃正。

小知识：1937年抗日战争全面爆发后，清华大学被迫南迁长沙，与北京大学、南开大学联合组建了国立长沙临时大学。1938年，长沙临时大学迁至昆明，改名为国立西南联合大学。抗战胜利后，清华大学于1946年迁回北京清华园复校。

关心国家命运
立志投身科学

1916 年叶笃正出生于天津一个封建大家庭里，有 14 个兄弟姐妹。他性格温和，学习最用功，常常被私塾先生和父亲当作教育其他孩子的榜样。14 岁那年，他进入著名的私立南开学校——在此之前，他接受的都是私塾教育。在私立南开学校就读期间，由于他学习努力，直接跳级上了初三，进入了人才济济的"1935 年班"。在这个先后出过 3 位中国科学院院士的班级里，他也是公认的佼佼者。

1935 年叶笃正南开中学
毕业照

在"华北之大，却放不下一张安静的书桌"的年代，叶笃正积极参加学生运动，为此，即将中学毕业的他还差点儿被学校开除。正是在那个战火纷飞、民族危亡的年代，叶笃正为自己今后的人生定下了目标："南开中学的理科教育很好，培养了我学理科的兴趣。我立志要学科学，将来一定要把科学搞好。中国人实在是被人欺负得太厉害了！我感到，许多双脚踩着我，我透不过气来。"

1935 年，叶笃正考入清华大学物理系。大学一年级时参与了"一二·九"运动，1937 年"七七事变"后又积极加入抗日行列。后来的一系列变故让他开始审视自己的人生，明白要想救国还要武装自己的头脑，以科学强国。之后，他便回到西南联合大学继续学业。就是在那里，他放弃了自己原本特别喜爱的基础物理学，选择了当时对国家更有实际用途的气象学研究作为自己的终身职业。

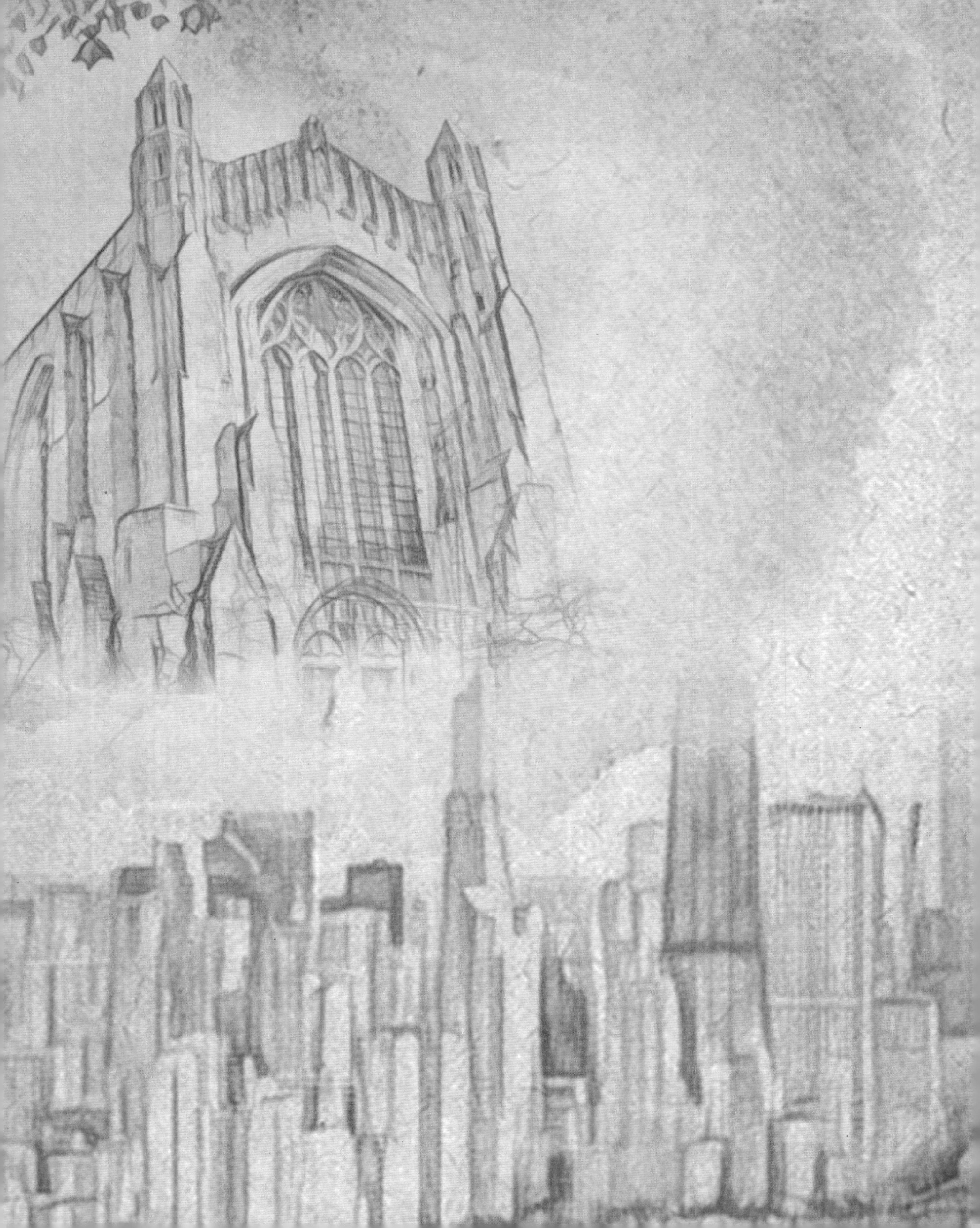

海外学成不忘本
义无反顾回祖国

1945年，叶笃正赴美留学。由于他勤于钻研，科研硕果累累。最值得一提的是他的博士论文《大气中的能量频散》，被誉为动力气象学的三部经典著作之一。

1948年，叶笃正博士毕业并留校工作，在美国气象学界逐渐崭露头角，获得业界广泛赞誉和尊重。然而，在得到中华人民共和国成立的消息后，叶笃正拒绝了美国气象局的高薪挽留，义无反顾地做出了回国的决定。他对导师说："我觉得新中国是有希望的。我想为自己的国家做点事。"回到国内，叶笃正很快投入我国大气科学研究机构的筹建工作中。

1948年叶笃正
美国芝加哥大学博士毕业照

1979年，叶笃正带领中国气象团访问美国。一位当初曾极力劝阻他回国的同窗好友，29年后问他的第一句话是："你后悔吗？"叶笃正回答："我现在一点儿不后悔：第一，我是中国人，我给中国做事，给中国老百姓做事；第二，美国不会给我这么一个舞台来提意见、搞规划。"

不避困难做研究
高原气象建树多

为了研究西藏高原气象，叶笃正常登上高原，在极其艰苦的环境条件下进行科学观测。高原上的氧气稀薄，在平原地区生活久了的人们上去后身体一般都不能适应。虽然当时叶笃正身体还很结实，但当他站在高原之巅，耳畔呼呼风雪，严重缺氧也令脑袋轰隆作响，出现了高原反应。不仅如此，高原气候还变化无常，一会儿阳光灿烂，一会儿又雨雪交加。有一次，叶笃正一行人在进行实地监测时，本来前一刻还阳光明媚的天气，忽然间就变得乌云密布、漫天风雪。助手们都忙喊留在帐篷外面继续监测的叶笃正进来避寒。叶笃正却咬咬牙说道："我们就是来研究高原复杂气象的，风雨雷电正是我们研究的对象，不能有点困难就躲避，那样是得不到第一手资料的，只要身体还允许，就得咬紧牙关把研究进行下去。"正是由于他们的研究工作，国际上才接受了高原气象学的概念，为青藏高原气象学的建立奠定了科学基础。

风餐露宿搞实验
梦中也在做研究

叶笃正为了研究"大气运动状态是如何改变的"这一课题常到野外考察。这期间经常是风餐露宿，并伴随着无数个昼夜的实验与演绎。为了科学研究，叶笃正身边常常带着一个小本子，有什么新观察、新思路，就立刻记下来，而且总是在不停地思考。有一天，睡到半夜，他突然从床上一跃而起。妻子被惊醒问发生了什么事，他也没有搭理，而是赶紧在一个小本子上快速地记录起来。慢慢地，家人对此也从开始的不解到后来的习以为常了。这个习惯叶笃正一直保持到90多岁，很多想法就是这样被记录下来的。在他的不懈努力下，中国气象局于1969年正式发布了短期天气预报。20世纪70年代末，提出并支持建立中国的气象数值预报业务，进一步提高了短期预报信息的准确性。

（本文作者：陈华闽　李　双）

吴征镒（1916—2013）
植物学家
中国科学院院士
2007 年国家最高科学技术奖获得者
2009 年国家自然科学奖一等奖获得者

一生为植物写"家谱"
——吴征镒

他一生醉心植物学的研究，终生痴迷植物学，成为一个为植物学而生的人；他主持编纂的《中国植物志》，奠定了我国植物学在世界植物学界不可撼动的重要地位……他，就是吴征镒。

后花园中的科学启蒙

1916年，吴征镒出生于江西省九江县。1岁时，随全家迁往江都县（今扬州市）。他幼时沉默寡言，不善交往，常常独自待在自家的后花园芜园中玩耍。芜园里有各种花草树木，还有一大片竹林，他常常在园中看花看草看叶看竹，一待就是很久。目睹了园中草木的春华秋实，小小的吴征镒领略了大自然的神奇，对植物萌发了浓厚的兴趣。

儿时的吴征镒

上初中时，吴征镒从父亲书房中找到清代吴其濬的《植物名实图考》和日本植物学专著《日本植物图鉴》。他如获至宝，闲暇之余，经常对着图谱去芜园里辨识那些叫不上名字的花草树木。就这样，看图识物认识了几十种植物，还采集了上百份标本。吴征镒曾风趣地说："我选植物学作为专业，我家的后花园'芜园'应该是我的第一位启蒙老师。"

1931年，吴征镒考入江苏省立扬州中学上高中。在阅读了更多的植物学书籍，对植物学概念有了鲜明的认识后，他将采集到的100多种标本对照植物学专著逐一标注了说明。生物学老师为了鼓励他，专门为他在班里举办了展览，展出他采集的植物标本。这次经历也让吴征镒坚定了以植物学为终身事业的理想。

国立长沙临时大学湘黔滇旅行团渡江

1933 年 3 月 5 日摄于清华园工学所

战火中的植物学研究

1933 年，吴征镒以优异成绩考入了清华大学生物系。在大学的 4 年中，吴征镒受教于朱自清、萨本栋、吴韫珍、李继侗、陈桢等著名教授。这些教授的敬业态度、渊博学识使一心"读书效国"的吴征镒受到了深刻影响，从而更加发奋努力。

1937 年秋，吴征镒清华大学毕业后，赴国立长沙临时大学任教。1938 年 2 月，学校又迁昆明，他与 10 名教师组成辅导团，参加湘黔滇旅行团的 1750 千米步行。徒步旅程非常艰苦，吴征镒却不以为意。他在日记中写道："于晨曦中步行。红梅初放，绿柳吐芽，菜花蚕豆亦满田灿烂。"乐观心态跃然纸上。4 月 26 日，旅行团抵达昆明市国立西南联合大学。

抱着"科学救国"的信念，1940 年吴征镒进入北京大学理科研究所攻读研究生，投入异常繁忙的学习与野外考察中。他与同学雇了一头毛驴，驮着行军床和工作用具绕着昆明市郊区各村镇做了 1 个多月调查，初步辨识了 2000 多种地方植物，领略到云南高原植物区系的多样性魅力。吴征镒还配合导师对本地植物进行解剖并绘图，结合云南特点准备着植物分类学的校本教材。每有新的认识或鉴别，往往都喜不自胜。他们醉心于《植物名实图考》和《滇南本草》的鉴定考证，几乎忘了是身处抗日战争中。

这期间，在防御日寇飞机轰炸的警报声中，吴征镒以一人之力，在标本室昏暗的煤油灯下查阅前辈们从国外收集来的资料标本，通过系统整理和鉴定，完成了 3 万多张卡片。每张卡片记载着植物的学名、分布、生境和文献，为后来编纂《中国植物志》打下了扎实的基础。

用脚底板发现新植物

1948 年的吴征镒

1959 年开始，吴征镒参加并主持了《中国植物志》的编纂工作。他深知植物学研究工作坐在办公室是完不成的。他常常带着干粮，备齐行囊，穿行于莽莽群山。其间，风餐露宿、毒虫叮咬都是常有的事。因此，有人说，我国 3 万多种植物里，有 1 万多种是植物学工作者用脚底板发现的。

在野外考察，他经常一心低头观察植物，一不留神就会摔一个跟头，因而被谑称为"摔跤冠军"。对此，吴征镒并不在意，相反，有时也会变成好事。一次考察时，还因为摔一跤发现了一个新品种——锡杖兰。他喜不自胜，觉得这一跤摔出个新物种来，特别值得！

2004 年 10 月，经过四代 300 多位科学家的共同努力，历时近半世纪的《中国植物志》全套出版完成，为我国 31142 种植物编制了完备的"户口簿"。这套书 2/3 以上的编研工作，是由吴征镒主持完成的。当时，他激动地说："我是终见《中国植物志》集成的老人，亲历 45 年的艰辛历程，深感如今功德圆满的欣慰。《中国植物志》传赠世间，莫大幸矣。"

1957 年在海南岛考察

1978 年在昆明植物园考察（左二为吴征镒）

1975年在云南西双版纳考察（右二为吴征镒）

伤病高龄不下第一线

　　"人生易老天难老"是年过花甲的吴征镒经常挂在嘴边的一句话。已经到了退休年龄的他依然"永远在路上"，一次次跑到新疆维吾尔自治区、西藏自治区等地考察。据他的学生回忆，吴征镒60岁考察西藏自治区时，随着吉普车的一路颠簸一路记笔记，一天下来竟然做出了沿途植物分布的记录。这旺盛的精力和执着的精神令同车的年轻人都自愧不如。

　　1984年，年近70岁的吴征镒又摔了一跤。这一次他就没那么幸运了，直接导致股骨头骨折，需要拄杖而行。但这也没能阻止他考察的步伐，还是跑去了天寒地冻的大东北。正是对植物的痴爱，支撑着这位年近古稀的老人又冒着大雪拄着拐杖翻越了祁连山。

　　到了90岁，吴征镒仍然没有放下植物学研究工作。在91岁高龄应邀出任《中华大典·生物学典》主编时，他的眼疾已经很重了，家人担心他的身体，反对他参与繁重的工作。他回答："我不做，谁来做？"这份治学热情值得我们学习。

（本文作者：龙美光　王洪鹏）

刘东生（1917—2008）
第四纪地质、环境地质学家
中国科学院院士
1987 年国家自然科学奖一等奖获得者
2003 年国家最高科学技术奖获得者

读懂黄土高原的人
——刘东生

　　黄土高原及黄河流域是中华民族的主要发祥地之一。今天，科学家在探索气候变化的历史、东亚季风的形成，以及地球系统众多科学问题时都离不开黄土高原这本自然"天书"，而最早真正读懂这本"天书"的是刘东生。

电影唤他爱自然

　　1917 年冬天，刘东生出生在辽宁省沈阳市一个铁路职工家庭。虽然家境一般，但父母非常重视孩子的教育。上学前，刘东生就用家人自制的卡片认识了几百个汉字。到了读小学的时候，为了学习现代知识，小小年纪的刘东生被送到离家较远的奉天省立第二小学念书。这期间，他还阅读了很多的儿童读物，《小朋友》《儿童世界》杂志都是他的最爱。为了让他懂点儿古文，刘东生小学毕业后又被送到皇姑屯上了半年私塾。此外，每天晚饭后，他还在一盏马灯的陪伴下，自学两个小时英语。

　　一次，刘东生和家人去沈阳城里看电影。正是这场电影给了幼年的刘东生很深的震撼，

私立南开学校海鸥游泳队队员，前一为刘东生

后来即使他年事已高，回忆起那场电影，画面也仿佛历历在目：银幕上的大雪山、藏族人的帐篷、牦牛，让他见识了大自然未知领域的神奇，激起了他强烈的好奇心。从那一刻起，这种对大自然的探索热情，开始在他的心中慢慢生根发芽。

由于痛恨日本侵略者对东北三省的掠夺和侵略，刘东生离开了东北，考取了位于天津的私立南开学校（今南开中学），受到"允公允能"校训的熏陶，获得了进一步的成长。

刘东生参加私立南开学校海鸥游泳队时照片

1934年华北运动会上刘东生参加的"南开啦啦队"用手旗打出"毋忘国耻"字样

转学地质为爱国

　　1938年，刘东生免试进入国立西南联合大学。受父亲影响，他开始学的是机械。后来的两件事让刘东生决心换专业。在昆明附近有个刚刚发现的易门铁矿，但不清楚铁矿的真实储量和开采价值。 当地政府请了国立西南联合大学地质系谭锡畴教授去勘查。他根据当地的地质构造、矿产类型、矿藏质量及保存状态等，得出结论：这是个值得开采的大矿。"我们觉得很神奇。"刘东生说，"谭老先生到易门转了一圈，就知道了那儿的矿产储量，决定了当地的命运。我那时刚从中学毕业，觉得地质研究很神奇、很了不起，这样可以发现资源，对国家抗战非常有用。"

　　中国古脊椎动物学家杨钟健的文章《论抗战和乡土研究》则决定了刘东生与中国大地的紧密结合。文中写道："只有了解自己的家乡，才能谈得上热爱自己的家乡，热爱家乡才有抗战热情，爱国就是爱自己的家乡。"这篇文章给了刘东生很大启发。他说："家乡的山山水水必须认识它，你通过什么认识呢？那就是地质学。通过地质去认识家乡的美好，山是怎么形成的，水是怎么变化的。年轻时就这么一个挺简单的思维，使我通过这篇文章萌生了转专业的念头。"由此，刘东生决定转学地质专业。

青年时期的刘东生

细节决定成与败

刘东生说："做科学工作需要我们不放过任何细小的现象，且真正深入到它的实质。"对此，刘东生有着正反两方面的深刻体会。

1963年，刘东生在黄土高原蓝田野外考察时，发现一处陡崖顶部似乎裸露着一些动物化石。当时天色已晚，身体也很疲倦，犹豫再三后决定第二天再来看。但因第二天计划有变，他没能再回到陡崖处。一年后，古脊椎动物与古人类研究所的工作人员在那座陡崖上发现了震惊世界的"蓝田猿人"。刘东升感慨地说，与"蓝田猿人"擦肩而过，实在是遗憾，更是深刻的教训。

1964年，刘东生走进希夏邦马峰的群山腹地考察时，恰逢筑路工人在劈山开道修建中国至尼泊尔的公路。亿万年的山岩巨石第一次展露在世人面前。一天傍晚，一位同去的老师向他展示了一块石头，说这是在海拔5900米冰川旁的岩石里捡到的植物化石。他仔细端详着这块叶脉清晰的化石后，眼睛为之一亮：这分明是一块阔叶树的树叶化石啊！要知道，在藏东南地区海拔3000米对阔叶树的生长已是上限，而现在，它却出现在高于这个上限1倍的高处。这个非同寻常的发现意味着：青藏高原的强烈隆升是晚期的事件，且在200多万年中强烈地上升了3000米！这一细节所引发的重大发现为全球气候的变化提供了有力的科学依据。

1997 年刘东生在海南岛考察红土

"新风成说"成科学

　　1957 年，刘东生带队从南北方向横穿黄土高原做了 10 条大路线的剖面调查，每条路线有上千千米。科考队员几个人一组，每天天蒙蒙亮就悄悄出发了，晚上则是随遇而安找个村子落脚。他们沿途既要在几十米深的大沟里爬上爬下观测土壤剖面和采集样品，又要赶几十千米的路程，而中午仅能靠干粮充饥。经过数月的考察，他们获得了大量的第一手资料。在此基础上，刘东生大胆地将过去只强调搬运过程的"风成说"扩展为"新风成说"，对黄土物质来源、搬运过程、搬运时的风力情况、沉积时的环境风貌，以及沉积后的变化等全过程进行了阐述，形成了一套完整的理论。在"新风成说"的基础上，刘东生解释了黄土剖面中黄土与红土交错堆叠现象的成因——过去 250 万年间黄土高原的气候是冷暖干湿交替出现的。刘东生在一步步加深黄土研究的同时，也向科学界提供了大量、完整的古环境地质气候变化的信息，为全球气候变化研究做出了重大的贡献。他对黄土的研究使中国黄土成为古气候变化记录最重要的档案库，与深海沉积、基地冰芯并称为全球环境变化研究的"三大支柱"。

刘东生在黄土高原野外考察

1996 年 79 岁的刘东生在北极考察，登上著名的一号冰川

2001 年 84 岁的刘东生第七次踏上青藏高原

（本文作者：刘 强）

吴良镛（1922—　　）
建筑学家、城乡规划学家、教育家
中国科学院院士
中国工程院院士
2011 年国家最高科学技术奖获得者

人居环境科学让生活
更美好——吴良镛

"我毕生追求的就是要让全社会有良好的、与自然相和谐的人居环境，让人们诗意般、画意般地栖居在大地上。"

劫后宛平城

战乱纷飞　志谋万人居

少年吴良镛

广厦万间，只为人居谋。理想的萌发，源自吴良镛颠沛流离的早年经历。

1922年5月，吴良镛出生于江苏省南京市。1937年，因躲避战乱随家人迁至四川省合川县（今重庆市合川区），但那里也并非净土。1940年7月27日吴良镛高考结束的那天下午，合川县城遭遇日军空袭，大火一直燃烧至第二天清晨才因降雨始息。"当时我们赶紧躲到防空洞里，一时间地动山摇，火光冲天，瓦砾碎片、灰土不断在身边落下来。当我们从防空洞出来时，发现大街小巷狼藉一片，合川县的大半座城都被大火吞噬了。"在这场轰炸中，吴良镛非常敬重的一位老师也不幸遇难，大批的房屋在战火中化为灰烬。战乱的苦痛经历激发了他重建家园的热望，立志要"从事建筑行业，立志修整城乡！"怀着这样的抱负，他最终断然选择进入位于重庆的国立中央大学建筑系学习。上学时，他无意间得到一批国外建筑杂志的"缩微胶卷"，惊讶地发现同样饱受战乱侵扰的西方建筑界已经开始致力于战后城市重建和住宅建设研究。这让他深受启发，更坚定了"谋万人居"的信念。

重庆国立中央大学

1950 年吴良镛在美国

辗转回国　建设新家园

1949 年于美国匡溪艺术学院
校园

1946 年，吴良镛受邀赴清华大学创建建筑系。1948 年 9 月，被推荐赴美国留学。1950 年，吴良镛学成后，应友人信中"新中国百废待兴"的召唤，力辞种种诱惑，毅然决定回国。但当时正值中国留学人士被美国政府无理扣押，中国留学生要想回国难上加难。这种情况下，吴良镛不得不辗转到达尚为英国盘踞的香港，在军警挟持下取道回国，投身到百废待兴的共和国建设和教育事业中，也开始了对自己年少理想的一生践行。

"回国对我们那个时代的人来说，是很自然的事。书读完了，就该回国参加建设。""现在想来，如果当时留在美国，便没有此后几十年在中国建设领域中的耕耘和收获。"回忆起当时，吴良镛对自己的"觉悟"轻描淡写。

北京市东城区菊儿胡同改建
设计方案

融会贯通　常存创新意

　　早在美国留学时，就有师长告诉吴良镛："东方文化是一个伟大的宝库，希望你在中与西、古与今方面，找出你走的道路。"作为中国人居环境科学的创建者，融会贯通、不断创新，贯穿于吴良镛整个学术生涯。

　　20世纪80年代以来，我国城市步入了一个高速发展的时期，北京城发展更是迅猛。但发展需求未能通过城市规划得到合理的疏解与安排，尤其是在旧城区，存在人口拥挤、住房困难、住房严重老化等问题，改建势在必行。

　　在改建前，吴良镛走街串巷，认真了解居民的需求，力求在保持胡同原特色的同时融入中国现代城市体系。慢慢地，胡同里的居民和他熟悉了，都纷纷向他反映问题。在动工前，他已画了95张图纸，仅是为保留园中的两棵"常住"榆树就多次更改方案。这种充分考虑住户需求和北京传统建筑风格的改建方式，兼顾实用性与美感，将"危积漏"的菊儿胡同改建成令人羡慕的"别墅"。这一项目受到了世界建筑界的高度关注，获得世界人居奖。作为北京市旧城改造的初期项目，对北京市和其他地区旧城改造具有很好的示范作用。

　　面对荣誉，吴良镛如此解读："这个路子就是不同地区不同传统，你要有不同的创造，这才是最根本的。你创造出来的东西总是建立在一定的条件基础上的，条件不断变化，你的创造也应该不断地变化。"

1968 年的吴良镛

北京市总体布局设想示意

1975 年的吴良镛

北京

天津

保定

石家庄

邢台

鹤壁 安阳

焦作 新乡

洛阳 郑州

平顶山

南阳

丹江口

吴良镛参与南水北调中线
干线工程规划研究

实事求是　不做空文章

2004 年的吴良镛

　　以解决中国的实际问题为导向，不说空话，只做实事，是吴良镛一生的坚持。做任何研究，他都要走到老百姓的生活里去，亲身体验了解，实事求是地开展科学研究、拿出对策。

　　20 世纪 90 年代末，吴良镛率领团队进行滇西北地区人居环境的研究，为了亲身体验实际情况，当时已近 80 岁高龄的他不顾学生劝阻，亲身前往海拔 3400 多米、地形条件极其复杂的中甸地区调研。结果当晚他就出现了严重的高原反应，被紧急送往医院。但他坚持认为这样做是值得的，"最起码看到了沿线地区的基本情况，研究就心里有底了"。

1995 年住院期间仍坚持工作

（本文作者：邓　晖　王洪鹏）

国家最高科学技术奖
证 书

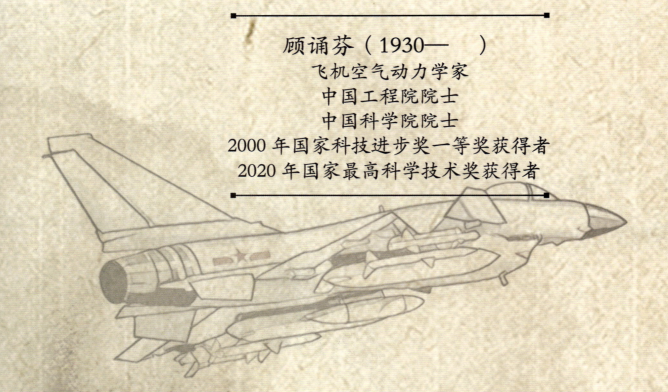

顾诵芬（1930—　　）
飞机空气动力学家
中国工程院院士
中国科学院院士
2000 年国家科技进步奖一等奖获得者
2020 年国家最高科学技术奖获得者

歼-8 战机的孕育人
——顾诵芬

　　拿什么来捍卫祖国的蓝天？谁曾经为保卫祖国的蓝天做出过卓越的贡献？歼-8 战斗机一度是我国天空的守门神，而它的总设计师就是被誉为"歼-8 之父"的顾诵芬。

顾诵芬（左）与哥哥顾颂诗在
燕京大学职工宿舍院子里

手不释卷只为学

顾诵芬 5 岁就爱扛支枪

　　1930 年，苏州市的著名文化世家顾氏家族迎来了一名新成员——顾诵芬。出身于书香门第的顾诵芬从小就受到了家族文化的熏陶而热爱阅读。1935 年，因父亲赴燕京大学工作，一家人便迁往北平市（现北京市），5 岁的顾诵芬也进入燕京大学附属小学就读。在父亲的影响下，他成了燕京大学图书馆的常客，书店成了他最爱去的地方，阅读成了他最喜欢的事情。顾诵芬十分享受徜徉在书海中，即使工作后也总是在腋下夹着一本书，以便自己随时随地读书。

　　顾诵芬不仅从书本中学习到了丰富的科学知识，还对书中的实验和动手制作产生了浓厚兴趣。父亲曾给他一套研究航模的书籍，他十分喜爱，反复阅读，琢磨航模，并尝试动手制作。多年的阅读积累与动手制作经历为他日后攻克航空难题打下了基础。

顾诵芬与父母亲在燕京大学校园内
（前排顾诵芬，后排左潘承圭、右顾廷龙）

顾诵芬（前排左三）与国立交通大学
航空系同学合影

痴迷飞机为保国

顾诵芬高中毕业照

1937年，日本全面侵华战争爆发，距离顾诵芬家仅几千米的国民革命军第二十九军驻地被日军轰炸，爆炸产生的火光和浓烟仿佛近在咫尺，冲击波将玻璃窗震得粉碎。目睹了日军暴行的小顾诵芬想："为什么日寇的轰炸机可以在祖国的天空上肆虐？我们的战机在哪里？为什么不对日寇迎头痛击？"悲愤在他幼小的心底埋下一个信念：我长大后要设计飞机来保卫祖国的领空！

10岁生日时，堂叔送他一架航空模型小飞机，他爱不释手。但这个小飞机不够结实，没玩多久就坏了。疼爱他的父亲咬牙又给他买了一架进口航模。尽管顾诵芬对飞机十分爱惜，但还是免不了磕磕碰碰，很快这架航模也坏了。他舍不得丢，想修好它。但制作航模的材料又是进口的，买不到。他就想各种办法找替代材料，终于把它修好了。这次修理航模的经历激发了顾诵芬对飞机设计的浓厚兴趣。1947年，顾诵芬高中毕业，怀揣航空强国情怀考入国立交通大学航空工程系。

1948年，正读大学二年级的顾诵芬发现，许多同学都转系离开了。原因是正值解放战争时期，很多人担心学习航空工程将来就业困难，尤其是空气动力学方向。但顾诵芬丝毫没有动摇，他坚持了自己的选择。

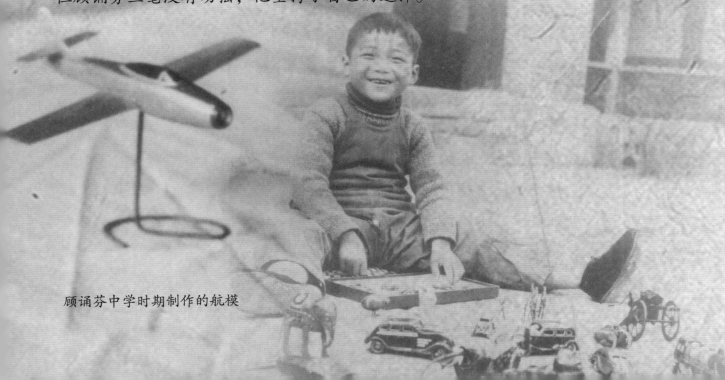

顾诵芬中学时期制作的航模

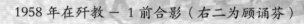

1958 年在歼教 — 1 前合影（右二为顾诵芬）

顾诵芬（后座）乘歼 —6 飞机升空

顾诵芬（后排左一）与航空工业管理局
第一技术科设计组成员合影

临危受命造歼-8

1964 年，顾诵芬被授予少校军衔

1956 年，国家号召向科学进军，飞机设计列入航空工业规划。顾诵芬服从组织安排进入沈阳飞机设计研究所工作。1965 年 5 月，沈阳飞机制造厂提出的新型歼击机——歼-8 的研制项目获得批准。但在歼-8 飞机开始研制不久，时任总设计师的黄志千遭遇空难不幸牺牲，身为副总设计师的顾诵芬临危受命，带领队伍继续攻坚。

历经艰辛，歼-8 终于在 1969 年 7 月的一天首飞成功，但挑战还远远没有结束。试飞时，飞机遭遇了强烈的跨音速抖动。当时研发条件艰苦，没有摄像、录像设备，为摸清飞机振动的原因，顾诵芬不顾自身危险，坐上了一架歼教-6 飞机，飞上天用望远镜观察歼-8 飞行中的状况，两架飞机最近时相距仅十几米。在飞行中，他发现原来设计的十几个气门并未起作用，因此在改进时将这些气门堵死。但还有一些无法肉眼直接观察的问题。顾诵芬提出试飞前在飞机尾巴上贴毛线条，试飞后根据毛线条的缺失情况推断水平尾翼跟后机身之间发生气流分离的位置的巧妙设计，最后解决了难题。1976 年，针对原设计的不足和缺陷，顾诵芬开始领导歼-8 I 飞机的设计工作。研究还远没有止步，为了完善机载电子设备、武器和火控系统，1981 年 5 月，顾诵芬被任命为歼-8 II 型飞机总设计师，继续带领团队改进优化机型。1984 年 6 月，歼-8 II 01 架飞机首飞成功，不久后投入生产。

歼-8 型系列飞机的研发标志着我国航空工程自此走上了自主设计的道路，是我国实现大国崛起的重要里程碑。由于对歼-8 系列飞机研制的重大贡献，顾诵芬被誉为"歼-8 之父"。

愿望成真大飞机

1986 年，顾诵芬到航空工业部任职后开始关注研制大型运输机和大型客机的工作。在他的提议下，我国开展了关于大飞机发展的咨询课题研究，年事已高的他还亲自带领课题组实地考察调研。他提出："大型运输机和大型客机有 70% 的技术可通用，通过实施大型运输机项目，将提高我国在大型飞机的气动力、机体结构设计、发动机、航电设备，以及材料和制造技术等方面的研制能力，为大型客机的研制创造条件。"为此，顾诵芬多次推掉无关的社会兼职，一门心思扑在飞机设计、航空科研工作上。经历多年的调研，2006 年夏，大飞机项目进入专家论证阶段，2007 年，大型飞机研制重大科技专项批准立项。2013 年 1 月，国产战略军用大型运输机运 20 首飞成功，4 年后，我国自主研制的 C919 大型客机首飞成功。顾诵芬的设想得以实现，中国的大飞机已经展翅翱翔，必将飞得更远。

（本文作者：张　鹏　杨艳梅）

顾诵芬（中）与中国航空研究院 601 所同事合影

袁隆平（1930—2021）
杂交水稻育种学家
中国工程院院士
2000 年国家最高科学技术奖获得者
2019 年"共和国勋章"获得者

禾下乘凉不是梦
——袁隆平

　　用一粒种子，改变了世界；创造的社会财富，只有无价可以形容；名满天下，却只是专注于田畴，毕生的梦想，就是让所有的人远离饥饿，他就是袁隆平！

辗转多地来读书，故事书中初长成

少年时期袁隆平

　　很多人都认为袁隆平应该是农民出身。其实不然，袁隆平的父亲毕业于南京市的国立东南大学，母亲早年在江苏省镇江市教会学校就读高中。他们家是一个知识分子家庭。"我家虽然祖籍是在江西，我自己却是出生在北平协和医院。因为生在北平，便取名'隆平'"。袁隆平的小学和初中是在抗日战争中辗转大半个中国后完成的。

　　袁隆平从小受母亲影响很深。袁隆平的母亲能讲一口流利的、字正腔圆的英语。他的英语便是母亲启蒙的，很小的时候就跟着母亲念。母亲很喜欢给孩子们读书讲故事。袁隆平对此印象深刻，他曾经回忆道："无法想象，没有您在我的摇篮前跟我讲尼采，讲这位昂扬着生命力、意志力的伟大哲人，我怎么能够在千百次的失败中坚信，必然有一粒种子可以使万千民众告别饥饿？"

　　"他们说，我用一粒种子改变了世界，我知道，这粒种子，是妈妈您在我的幼年时种下！"

北京协和医院

南京长江大桥

重庆朝天门

升官发财无兴趣，投身学农意志坚

青年时期的袁隆平

　　高中毕业后"报考哪一所大学"的问题成了袁隆平全家争论的焦点。当时，父亲希望他报考位于南京市的重点大学，走"学而优则仕"的道路。但是19岁的袁隆平却有自己的主意，他对升官发财、光宗耀祖毫无兴趣，而是想赴重庆市求学。

　　在儿时的一次参观园艺场的经历，使他对生机勃勃的花、草、果、木和大自然春华秋实的变化规律产生了浓厚的兴趣。当时的袁隆平回想起这些，直截了当地对父母说："还是让我报考农学院吧！"

　　颇具民主思想的父亲知道儿子的个性，便同意了。袁隆平考取了重庆相辉学院的农学系，高高兴兴地跳进了"农门"。面对贫穷落后的农村，他更加坚定了信心，立志改造农村，为农民做实事。大学期间，他阅读了国内外多种农业科技杂志，对学术孜孜以求。年轻学子袁隆平对权威学者并不盲从，他常把搜罗到的各国学术书籍仔细研究和分析，最后得出自己的结论。他始终秉持吸收科学知识更重要的是靠理性来判断其价值，这充分表现出他的大胆思辨和思维的缜密老练。

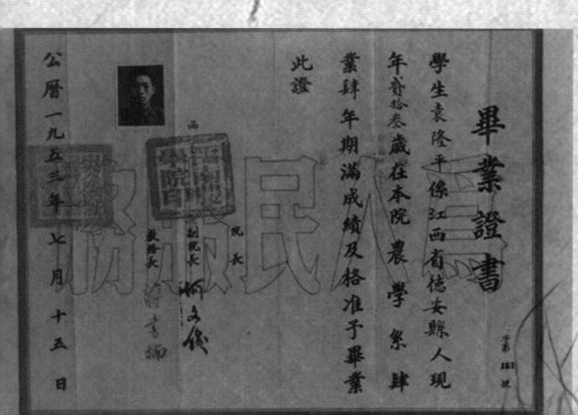

1953年袁隆平大学毕业证书

袁隆平在实验室

袁隆平给学生授课

袁隆平在田间考察

躬身田畴不畏难，杂交研究伴终身

　　1953年，大学毕业后，踌躇满志的袁隆平远离了繁华的都市，选择了偏远的湘西农村当老师。出发前，袁隆平和母亲两个人脸贴着地图，手指顺着密密麻麻的细线，找了好久，才在地图上找到一个小点点，那就是他要去的地方——安江。当时母亲叹了口气说，"孩子，你到那儿，是要吃苦的呀！"他回答说，"我年轻，我还有一把小提琴。"

　　在农校教书的日子里，他利用课余时间走出课堂，走向田间。烈日当空，很多人都在榕树下乘凉，袁隆平依然在田里劳作。偶然的机会，他发现一株"鹤立鸡群"的稻株，萌生了培育杂交水稻的念头。然而，袁隆平的设想与经典遗传学的观点相悖，许多权威学者认为他是蚍蜉撼树，周围充斥着反对声甚至嘲笑声。有人说他："人不吃草，吃草的话你的杂交水稻就有用了。"但在反复思考之后，他更加坚信自己的想法。

　　为了找到意想中的稻株，他吃了早饭就带着水壶与馒头下田，一直到下午4点才回。艰苦的条件和不规律的饮食让他患上了肠胃病。在南方六七月份炎热的天气里，他每天都手拿放大镜，一垄垄、一行行、一穗穗，大海捞针般在成千上万的稻穗中寻找，汗水在背上结成盐霜，皮肤被晒得黑里透亮。他的勤奋令常年扎在水田里的农民都自叹不如。

　　正是凭着这种坚韧不拔、勇敢顽强的意志，在经过了2年的探索、试验与研究，勘察了14万余株稻穗后，袁隆平终于写成论文《水稻的雄性不孕性》，引起国内外科技界的重视。从此，"杂交水稻"这四个字伴随了袁隆平的一生，成为他毕生不懈追求的事业。

袁隆平在田间仔细查看稻穗生长状况

"南优2号"开新路，新稻亩产破1吨

20世纪60年代初，一群老农围着袁隆平诚恳地说："老师，你是搞科研的，如果能培育一个亩产800斤、1000斤的新品种，那该多好！"农民淳朴又恳切的话语深深触动了袁隆平，他决心用农业科学技术战胜饥饿，并许下"解决粮食增产问题，不让老百姓挨饿"的誓言。

杂交水稻是世界性难题，但是，袁隆平知难而进，迈开双腿，走进了水稻的莽莽绿海，去寻找中外资料没报道的水稻雄性不育株。寒来暑往，在经过长时间的寻找、试验，终于在1974年，袁隆平和团队找到了"野攻"，攻克了"三系配套"，试种的"南优2号"杂交稻亩产达628千克，这与常规稻亩产150千克相比，是个惊人的突破。

随着杂交水稻的培育成功和在全国大面积推广，袁隆平并未停下探索的脚步，再一次萌发了一个惊人的设想，大胆提出了杂交水稻超高产育种的课题，试图解决更大范围内的饥饿问题。2019年10月，专家组宣布湖南省衡南县等地第三代杂交晚稻新组合表现优势强，亩产突破1000千克。在如此耀眼的成绩面前，袁隆平表示希望能在2021年实现每亩约1340千克的目标，在"中国人的饭碗要牢牢端在自己手上"的事业中引领粮食产业的进步，为我国和世界粮食安全做出更大贡献。

（本文作者：曾松亭　邢　燕）

李振声（1931—　　）
小麦遗传育种学家
中国科学院院士
2006 年国家最高科学技术奖获得者

小麦良种养活数亿人
——李振声

　　是谁攻克了"小麦癌症"这个世界性难题，让小麦从亩产不过 25 千克、很多人吃不上的"稀罕物"到如今家家都能吃得上的寻常白面？这都得益于一个人多年来坚持不懈的研究，这个人就是李振声。

家庭贫寒仍发奋

　　1931 年 2 月，李振声出生在山东省淄博市的一个农民家庭。在他的家中挂有两副对联，一副是"知足者常乐，能忍者自安"；另一副是"聚钱财莫如为善，振家声还是读书"。这是他们家的家训！虽然总是在饥饿中煎熬，但李振声依然咬牙坚持读书。13 岁时，父亲去世，母亲一人拉扯着他们兄妹 4 人，日子过得更加艰苦。他上学时都要背着数日的干粮——煎饼和咸菜——前往学校。咸菜还好存放，但含有水分的煎饼就不好办了。一到学校，他都要拉起一根绳子，把煎饼像晾衣服一样一字排开晾晒起来，赶上晴天还能维持数日，赶上阴雨潮湿的日子煎饼就难逃发霉的噩运了。这些困难他都不在意，最让他难堪的、也最伤他自尊的，是每学期开学前他都要去向别人借钱，有时在人家门口站了半小时，也迈不进门槛。为了减轻母亲的负担，李振声只好辍学，只身到省城济南寻找工作。一日，他在街头看到山东农学院门口贴有一张招生广告，其中一条写着："免费食宿"！这让李振声难以置信：既能上学，还有饭吃，天下还有这等好事？他决定去试一下。没想到这一试，竟"试"成了全村第一个大学生！饱受过饥饿滋味的他在跨进山东农学院大门的第一天便立下誓愿：毕业后我一定要多种粮食，让每个农民都有饭吃！

振家声还是读书

聚钱财莫如为善

原山东农学院校园内建筑

小麦育种二十载

　　1956 年，25 岁的李振声响应国家号召，毅然放弃了北京舒适的工作和生活，扎根落后贫瘠的陕西省的杨凌镇。那一年，全国爆发了史上最为严重的小麦条锈病。该病被称作"小麦癌症"，当时是一个世界性的难题。大片大片的黄色粉末充斥在麦田里，就像叶片生了"锈"。下地干活总是"蓝裤子下田，黄裤子回来"。

　　李振声看在眼里，急在心里，一心想要解决这个难题。当他深入研究了小麦的发展由来后，便忽发奇想：既然我们今天吃到的小麦就是最原始的"一粒小麦"先后与两种山羊草天然杂交而来，那么能不能通过人工的办法，选择具有很好抗病性的牧草与小麦进行杂交，把牧草的抗病基因转移到小麦里，这样不就可以培育出优良的抗病麦种了吗？于是，李振声开始致力于小麦与野草远缘杂交的研究。凭着大学期间研究过 800 多种牧草的经验，他将目光锁定在了长穗偃麦草上。这种草具有很强的抗病性，如果将其与小麦进行杂交，后代就可能具有持久的抗病性。虽然自然灾害频发、研究难度大等因素让他举步维艰，但他从未停下试验的脚步。终于在 1964 年 6 月的一天，他有了新的发现。那天，连绵多天的阴雨突然放晴，因地温较低未吸收到足够水分的小麦见着大太阳后身体里为数不多的水分也被蒸发掉了。几乎所有的小麦都遭受了这样的"蒸死型"青干，但是与长穗偃麦草杂交的小偃麦 55 却不受影响，依旧生长良好。这一发现让他欣喜若狂，也说明他之前的设想和努力都没有白费。他的研究并未止步于此，经过多次试验，终于培育出了具有持久抗病性、高产的小麦新品种——小偃 6 号。

1958 年，李振声在陕西省杨凌镇研究小麦样本

1998年李振声（中）在试验田中给学生授课

蓝粒基因开新路

　　小偃6号的育成和大面积推广，证明远缘杂交确实是改良小麦品种的一条重要途径。但是，育种过程耗费的时间太长（20年），别人很难重复，于是李振声想必须要另寻捷径。在20世纪70年代后期，李振声通过学习美国遗传学会主席西尔斯（E.R.Sears）的经验，开展了染色体工程研究。西尔斯创建了一套染色体工程工具材料——中国春单体系统，通过这套材料可以将远缘植物的染色体转移到小麦中，但是，这套材料不只利用时存在困难，就连这套材料的保存与利用都须借助显微镜下的细胞学鉴定才能完成。李振声运用从偃麦草中得来的蓝粒基因创造了一套蓝粒单体小麦。在蓝粒单体小麦一个麦穗上可以有4种颜色的种子，深蓝、中蓝、浅蓝和白粒，不需要用显微镜，只根据种子颜色就可以知道它的染色体数目，深蓝的42条，中蓝和浅蓝的41条，白粒的40条。40条染色体的小麦叫缺体，用它与远缘植物杂交，可以较容易地将外源染色体转移到小麦中，为染色体工程育种开辟了一条新路。

　　这项成果受到西尔斯等国际小麦遗传育种学家的好评。在众多国际著名小麦遗传育种学家的支持下，李振声先后组织了第一届国际植物染色体工程学术会议和第八届国际小麦遗传学会议，扩大了我国小麦遗传育种研究在国际上的影响力。

最高荣誉在田间

20世纪末，西方国家对中国的粮食生产普遍存在着一种"担忧"，认为中国人口多，自产粮食不够吃，给世界其他国家增加了负担。1994年，美国世界观察研究所所长莱斯特·布朗出版《谁来养活中国？》一书，在世界上引起了很大的反响，即使在我们国内，同样有很多的认同者。但实际上，在李振声等一批农学家的不懈努力下，1978—1998年，中国的粮食产量已有了大幅度增加。

在2005年4月举办的亚洲博鳌论坛上，李振声列举了1990—2004年我国农业的变化，用大量数据郑重驳斥了莱斯特·布朗的质疑，庄严地在论坛上向世界宣布："我们认为应该将这些真实情况告诉世界，中国人能养活自己。现在如此，将来我们凭着中国正确的政策和科技、经济的发展，也必然能够自己养活自己！"回应他的，是顷刻响起的雷鸣般的掌声。

这一年年底，联合国世界粮食计划署正式宣布停止对华粮食援助的限制。至此，国际对中国粮食生产的"担忧"正式解除。

李振声在介绍河北省海兴县盐碱地治
理的前后对比照片

李振声展示历次杂交后获得
的小麦品种的标本

（本文作者：崔学敏）

国家最高科学技术奖

·证　书

曾庆存（1935—　　）
大气科学家
中国科学院院士
2019 年国家最高科学技术奖获得者

让"天有可测风云"
——曾庆存

　　古人云，天有不测风云。今天，风云不仅可测，而且预报也越来越准确。这是如何做到的？这并非简单的观云识天，而是建立在严谨的科学研究的基础上。对此，有一个人功不可没，他就是曾庆存。

往返于田间和学堂

1935 年，曾庆存出生在广东省阳江县（今阳江市）一个贫困的农民家庭。"小时候家贫如洗，拍壁无尘。双亲率领我们这些孩子力耕垄亩，只能过着朝望晚米的生活。"这是他对儿时生活的记忆。由于阳江县常有台风来袭，不仅耕作常受影响，房屋漏雨也是见怪不怪。

在曾庆存很小的时候，一次父亲在路上遇见当地学堂的校长。校长问："家中有几个孩子？都多大年纪？一定要让孩子读书啊。"尽管当时生活困窘，父亲还是将曾庆存的哥哥曾庆丰送入了学堂。由于父母每日要到田间劳作，留年幼的曾庆存在家中无人照看，哥哥便带着他一起上学堂听课。曾庆存就以这样一种非正式的身份开始了自己的学生生涯。

"我和哥哥小时候读书是打着赤脚、衣衫褴褛的，每日往返于田间和学堂。"就这样，曾庆存小哥俩一边在田间挥汗如雨，一边在学堂寒窗苦读，但成绩却一直名列前茅。小学还没毕业，弟兄俩便参加了百里挑一的"跳考"，直升进入初中读书。此后，兄弟俩又因成绩优异先后获得了学校仅有的 16 个公费读书名额中的两个。

读书　继承而不为所囿
探索　创新而不为求奇
做学问求真理大约就是这样

曾庆存　二○○四年四月

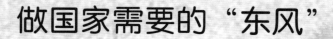

做国家需要的"东风"

1952 年，曾庆存考取了北京大学物理系。由于中华人民共和国成立之初，我国急需气象科学人才，系里计划安排一部分学生学气象学专业。老师鼓励同学们：而今万事俱备，只欠"东风"。意思说，国家已为大家准备好了学习条件，只待大家安心学习。

对从小就在乡下长大的曾庆存而言，非常懂得天气的重要，自然理解这样的安排。他积极响应国家需要，选择了这个既熟悉又陌生的学科。

当时发生的一件事更加坚定了曾庆存学习气象学的选择——1954 年，一场晚霜把河南省 40% 的小麦冻死了，严重影响了当地的粮食产量。如果能提前预判天气，做好防范，肯定能减少不少损失。

上大学时曾庆存曾在中央气象台实习，每天看到气象预报员废寝忘食地守候在天气图旁，进行分析判断和发布天气预报。但由于缺少精确的计算，往往只能定性分析判断和凭经验做预报，预报员心里并没有多大把握。

那时的曾庆存便暗下决心，他要研究客观定量的数值天气预报，提高天气预报的准确性，增加人们战胜自然灾害的能力。

曾庆存研究手稿

攀登科学的"珠峰"

1957 年，曾庆存通过国家考试选拔被派遣至苏联科学院应用地球物理研究所读研究生。博士论文选题时，导师给他选择了一个世界难题——应用斜压大气动力学原始方程组做数值天气预报的研究。师兄们都反对，认为他"不一定研究得出来""可能拿不到学位"。曾庆存却没有退缩，甚至为之振奋。接下来的几年，他苦读冥思，每提出一个想法，就反复试验和求证。

1961 年，几经失败的曾庆存提出了世界上首个用数学原始方程直接进行实际天气预报的方法——"半隐式差分法"。这个方法随即在莫斯科世界气象中心应用，当地天气预报的准确率得到极大的提升。半个多世纪过去了，"半隐式差分法"至今仍在国际上被广泛使用。

这一年，年仅 26 岁的曾庆存学成归国。在踏上祖国土地的那一刻，他心潮澎湃，写了一首诗以自勉："温室栽培二十年，雄心初立志驱前。男儿若个真英俊，攀上珠峰踏北边。"

1988 年中国第一次成功发射气象卫星
曾庆存赋诗一首

功成有志慰先贤，
铁柱磨针二十年。
神箭冲飞千里外，
红星遥测五湖天。
东西南北观微细，
晴雨风云在目前。
寄语中华好儿女，
要攻科技灵精尖。

解决世界级的难题

曾庆存回国后继续研究数值天气预报，还将数值天气预报延伸至气候变化模拟和预测，提出了"标准层结扣除法""平方守恒格式"等数值方法。这些方法至今仍是世界数值天气预报和气候预测的核心技术。同时，他还对气象预报和气象灾害监测的另一个重要领域——卫星气象遥感做出了开创性贡献。

1970年，曾庆存又一次服从国家需要，进入陌生的研究领域，成为卫星气象总体组技术负责人。当时，气象卫星在国际上也处于初始阶段。经过攻关，曾庆存解决了卫星大气红外遥感的基础理论问题，并于1974年出版了世界上第一本系统讲述卫星大气红外遥感定量理论的专著《大气红外遥测原理》。其中提出的"最佳信息层"等理论，仍是今天监测暴雨、台风等灾害性天气的重要依据。

1988年，我国第一次成功发射气象卫星。在发射现场的曾庆存，喜不自胜，赋诗一首："神箭高飞千里外，红星遥测五洲天。东西南北观微细，晴雨风云在目前。"

此后，曾庆存开展了集卫星遥感、数值预测和超算为一体的气象灾害防控研究，有效地提高了台风等灾害性天气的预报预警时效和防控效果。近年来，他还带领学生和研究团队积极参与全球气候和环境变化研究、发起和参与地球系统模式研究，并提出自然控制论等新理论，研究人类活动和自然环境的优化协调、可持续发展等问题。

硕果累累，荣誉满满。但当周围人送来"登顶"的祝贺时，曾庆存却摆手拒绝——"还没有登上顶峰，只是在攀登的路上初步建立了一个营地"。

（本文作者：陈海波　王洪鹏）

后/记

中国科学家是为国家和民族自强、自立而忘我奋斗的可爱、可敬的人。他们身上展现出来的中国科学家精神已成为中华民族精神的一部分，激励着一代又一代有志于科学技术事业的青少年踏上攀登科学技术高峰的伟大征程，为实现中华民族的伟大复兴接续奋斗。

讲述老一代科学家的故事，弘扬伟大的科学家精神，号召更多的青少年向科学技术进军，这不仅是中国科协的责任，更是每一个学校、每一个家庭的责任。因为只有大批青少年投身科学技术事业，我们的国家、我们的民族才能得到持续的发展，才能永葆青春活力，才能屹立于世界之巅。

为了编写这套丛书，中国科协创新战略研究院面向社会专门组织了两支队伍，一支研究科技史、熟悉老一代科学家的学者队伍，承担起这项光荣而又繁重的文字撰写任务；一支富有活力的画家队伍，为科学家画像、为文字配图，用图画和历史图片融合的方式让读者身临其境。当这套书付梓之时，我们的愿望实现了一半，另一半要由读者来实现。如果你们从中得到一些有益的启示，增加对科学的一分热爱、对科学家有了新的认识，那么我们的目的就算达到了。

希望你们能擎起科学技术的火炬，照亮世界、照亮未来。